画说石鼓

◎主编　吉朝声
◎撰　官波舟
◎绘　李录成

陕西出版传媒集团
陕西人民美术出版社

图书在版编目（CIP）数据

画说石鼓 / 吉朝声主编；官波舟撰；李录成绘.
— 西安:陕西人民美术出版社，2014.10
ISBN 978-7-5368-3133-9

Ⅰ. ①画… Ⅱ. ①吉… ②官… ③李… Ⅲ. ①石鼓文
—通俗读物 Ⅳ. ①K877.41-49

中国版本图书馆CIP数据核字(2014)第222528号

画说石鼓

吉朝声 主编　官波舟 撰　李录成 绘

陕西出版传媒集团
陕西人民美術出版社 出版发行
出版人：李晓明

新华书店经销　深圳市彩美印刷有限公司印刷
889毫米×1194毫米　32开本　4.875印张　20千字
2014年10月第1版　2014年12月第1次印刷
ISBN 978-7-5368-3133-9
定价：26.00元

地址：西安市北大街147号　邮编：710003
http://www.mscbs.cn
发行部电话：029-87262491　传真：029-87265112

北京大学教授 博士生导师

教育部人文社会科学重点研究基地中国考古学研究中心主任

北京大学公众考古与艺术中心主任

奇文共欣賞

石鼓大衆讀

題石鼓印社畫説石鼓

癸巳孟春徐天進

徐天进先生 题词

西泠印社副社长李刚田题贺

昌黎曾作石鼓謌辭嚴義密彩蹉蛇蛇跎櫛風沐雨自銷磨多古奥秘更幾何而今印社作圖說楷隸丹青妙手摹弓矢車馬各鮮活解讀歷史信不頗深入淺出傳承多百姓津津長頌哦

癸巳冬以俚句頌畫說石鼓 李剛田於京華

前言

石鼓是中国第一古物，石鼓文是中国现存最早的刻石文字之一，石鼓诗是中国古诗仅见的原勒真迹，亦为书家第一法则。十面石鼓出土于陕西宝鸡的石鼓山，是历代文人志士、专家学者研究探索的重要课题。

本书作者为将专家学者的研究成果推向社会，让更多人了解且熟悉石鼓文。因而，他率先将艰深晦涩的石鼓文改编为白话文，把白话文创作为传统通俗的连环画，集研究性、学术性与普及性于一身。为读者提供了一个生动鲜活的绘画读本。石鼓自唐代初年出土，历经迁徙辗转，成为保护收藏研究的传奇。《画说石鼓》呈现在大家面前的是一部歌颂大秦帝国发祥地波澜壮阔的史诗，是一部先秦史上秦帝国崛起前规模宏大的猎祭场景，是一幅描绘西秦地域自然风景的美丽画卷。阅览此书，相信会使您对中华石鼓有所了解，并对中国悠久的历史文化有进一步认识。

石鼓印社

我国有一组文物——石鼓，用十尊硕大的花岗岩石制成，形状似鼓，每尊上用难识的篆字刻着诗篇，又叫石鼓文。

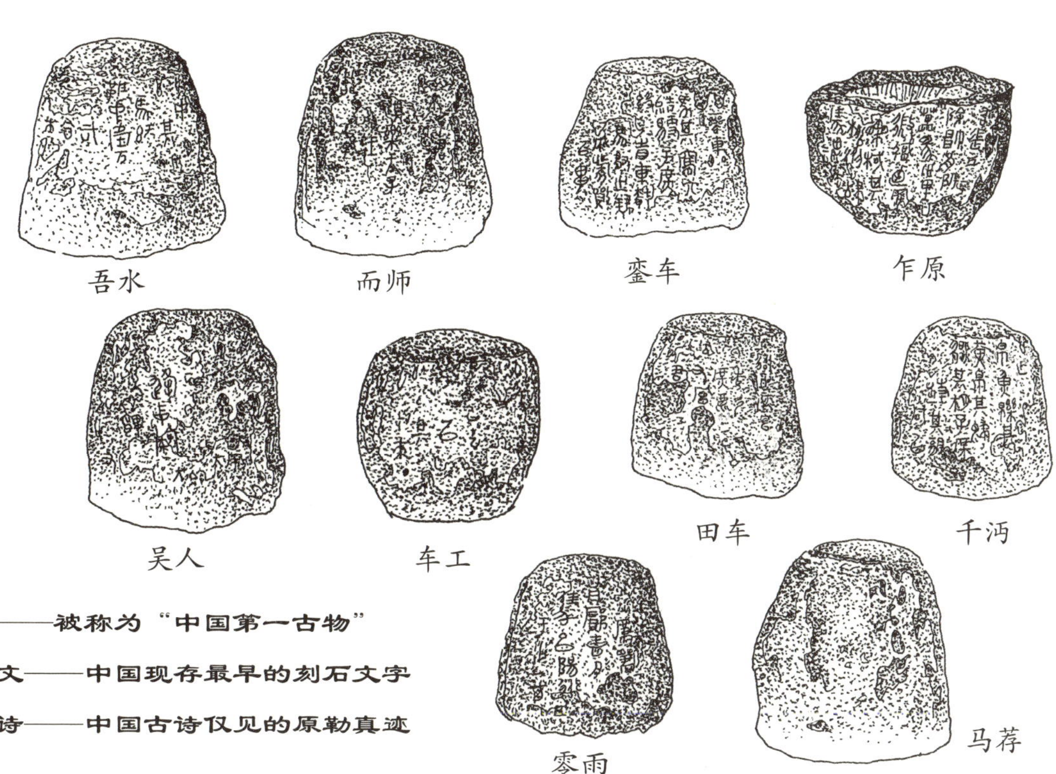

石鼓——被称为“中国第一古物”

石鼓文——中国现存最早的刻石文字

石鼓诗——中国古诗仅见的原勒真迹

晚清书法理论家康有为在其著名书论《广艺舟双楫》中指出：『石鼓既为中国第一古物，亦当为书家第一古物，亦当为书家第一法则也。』

唐武德年间（618—626），吏部侍郎苏勖在石鼓文打本（拓片）卷首云：『世咸言笔迹存者，李斯最古，不知史籀之迹，近在关中。』（石鼓出土地陈仓——今宝鸡市区，在关中西部）。最早对石鼓文著录。

唐开元年间（713—741）书学理论家张怀瓘在其书法评论著作《书断》中称石鼓文为：『仓颉之嗣，小篆之祖。』首肯石鼓文是大篆向小篆过渡的唯一模本。

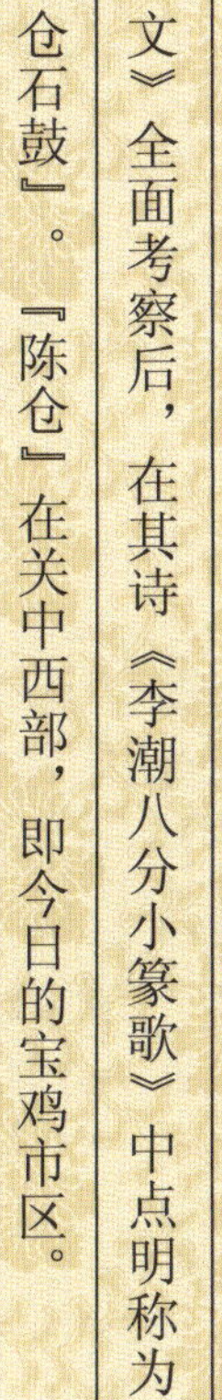

公元757年诗圣杜甫，在雍城凤翔勤王四个多月，对《石鼓文》全面考察后，在其诗《李潮八分小篆歌》中点明称为『陈仓石鼓』。『陈仓』在关中西部，即今日的宝鸡市区。

南宋郑樵著《石鼓文考》三卷，首创石鼓文为秦鼓。认为石鼓文是『秦惠文王之后，始皇之前所作』。

清末至当代，『一男』：唐兰；『二马』：马衡、马叙伦；『三堂』：王观堂（王国维）、罗雪堂（罗振玉）、郭鼎堂（郭沫若）分别著文，确定了《石鼓文》为『秦物』的地位。

唐兰肯定石鼓文为战国时期制作。

公元前337年，秦孝公之子嬴驷（称惠文君）在咸阳继位，与商鞅政见不合，杀了商鞅。但商鞅推行18年新法未变，『秦妇人婴儿，皆言商君之法』。

公元前328年，秦惠文君以张仪为丞相，迫使魏献上郡十五县，黄河天险在秦掌握。

公元前325年正月，即秦惠文君在位的第13年，在秦相张仪的辅佐下，秦惠文君著其先祖未尽之业，终于『称王』。此年适值丙申年。

这一年，是周天子显王姬扁在位的第44个年头。太平盛世，长期稳定，可谓『天子永宁』。这里的『天子永宁』不是祝福、祝愿，而是专指、专称。

此年『四月戊午，魏君为王，韩亦为王』。

『其后诸侯皆称王』。

在此严峻形势下，秦惠文王深感不安。

在秦相及众文武大臣的支持下，秦惠文王有了主意。

每季的中间一月为『祭祀月』。『自古雍州积高，神明之隩（ào）』，又有『三畤原』和秦历代祖庙，为何不举行『祭祀』，顺便演练秦军，铸强国之梦？

公元前325年5月，秦惠文王从咸阳宫起程，西去雍城祖庙告祖、三畤原祭天、陈仓祭地、祭陈宝，陈仓北阪打猎演练秦军，亦去千河捕鱼，追忆『母亲河』。

秦王猎祭路线示意图
北
雍城（今凤翔县）
吴山
金
陵
河
汧
河
雍
水
（今宝鸡市）
陈仓城
汧渭之会
虢城（今陈仓区）
咸阳
渭
河
陈仓北阪
（今石鼓山）
鸡峰山
渭
河
郿邑
武功
河
渭
散
谷
水
秦
岭
山
脉

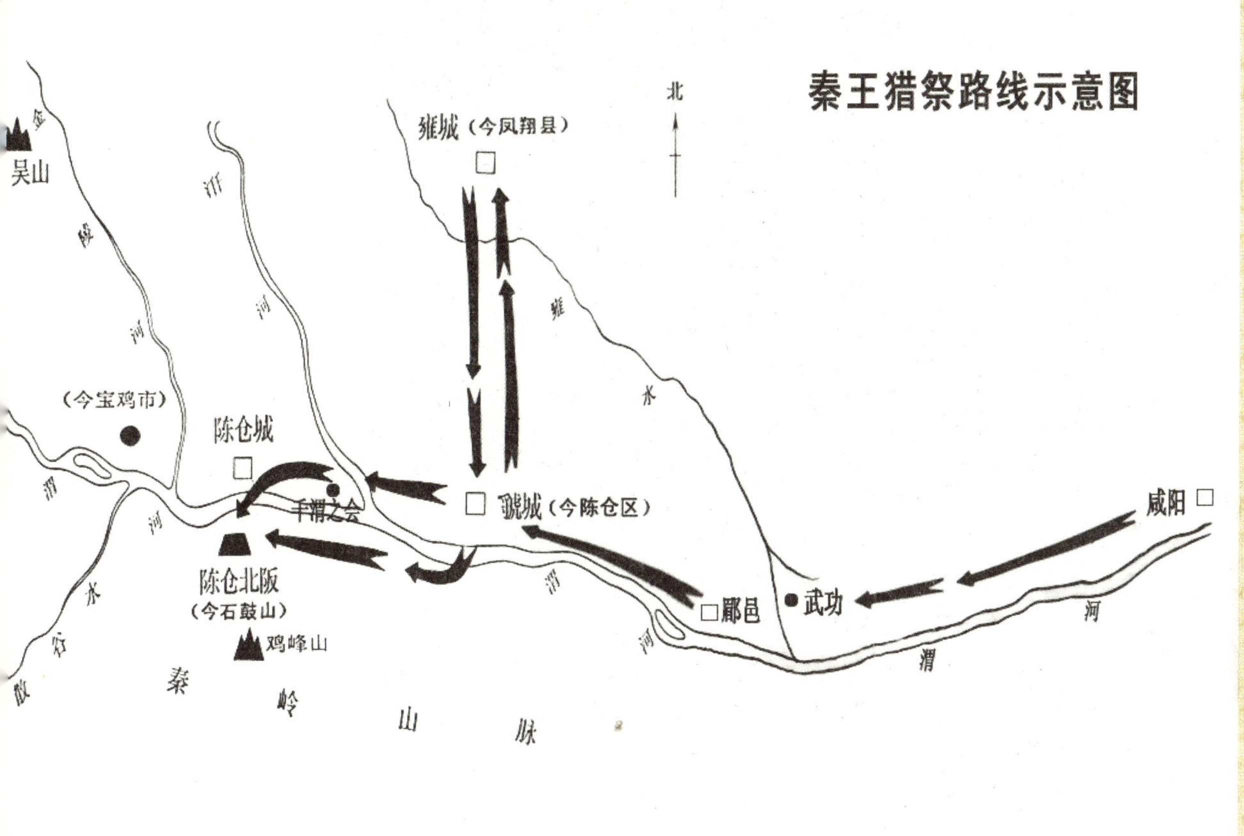

秦王猎祭路线示意图

秦人第一鼓　吾水

『吾水既瀞』。『吾水』指秦人之水，即渭水，当地人称『禹河』。『瀞』，《说文》：『无垢秽也。』此瀞即『清』字。渭河之水平日不清，为浑浊之黄泥沙水。水要清，必须是接连多天的晴朗之日。因平时不清，才述今日之清。

『吾道既平』。『吾道』为秦国之道，『既平』，因秦王出行，道路亦修理得宽畅平坦。

『吾□既止，嘉树则里』。送秦王一行的文武官员们到此树木茂美之地为止，即咸阳以西十里『列树以表道，立鄙食守路』之处，不要再送了。一切准备就绪，就要起程了。

『天子永宁，日隹丙申』。『天子』为周显王姬扁，其在位48年。此出行时为公元前325年『丙申』年，是其44年，长期稳定，可谓『永宁』。『隹』通『唯』，『日隹丙申』即『日唯丙申』，其时为战国秦国五月之时。按《中国先秦史历表》推算，为公元前325年4月16日。此次出行的时间为公元前325年此『丙申』年的『丙申』日。

『昱昱薪薪』。『昱（yù）』，『曰明也。』『薪』为可作燃料的木材。木材燃烧自有光明。秦王出行『燔（fán）柴告天』。

『吾其旁道，□马既陈。蔽□康康，驾奕逾□』。陈在此作『阵』。我们道路两旁，军马列阵。出行了旌旗蔽天，兵强马壮，那驾驭着的威武车骑，神采奕奕，一乘乘飞越而过。

「左骖騚騚，右骖馯馯」。「騚」，「《玉篇》马四蹄皆白」。「馯」，「《集韵》马青黑色」。你看那威武的车骑，左骖马四蹄皆白，直奔向前；右骖马呈青黑色，奔腾不驯。

『牝□□□，毋不□□。四翰霾霾，交□□□』。『牝』指雌马。『毋』假借为『无』；『翰』，即红色。『霾』，风雨土也。牝马（雌马）牡马（雄马），无不奋力；秦王的四匹骏马远看毛色发红，奔腾起来，荡起烟尘灰沙，交杂难辨。此驾四马者只能是等同诸侯卿士的秦王，『诸侯与卿同驾四』。

『公谓大□，金及如□□，害不余从』。『以五行言之为西方之行』。『及』通『彶』，『彶』，急行也。『如』，『往也』。秦王身边的某公说大吉，这次西方之行占卜结果是顺利的，是应急速前进的，危害和伤害不会伴随。

『西方之行』。由咸阳往雍城（凤翔）、陈仓（宝鸡）就是西方之行。因咸阳在东，雍城、陈仓在西。本次西去雍城、陈仓『猎祭』。

第二鼓　而师

『天子』『嗣王』各是谁？

『□□而师，弓矢孔庶』。『而师』即秦惠文王率领的军马，秦王之师。『弓矢孔庶』，『孔』即『很、甚』。『庶』，众多。指秦王之师狩猎的弓箭准备得很充足、齐备。

『左骖右骖，滔滔是戠（zhī）』。『戠』即『熾』，『旺盛、强盛』义。护卫在秦王两边的将军、大夫之众多僚属的车马成群结队、川流不息，非常热火。

『具夺信得。□具肝来，□□其写。小大具□，□□来乐』。前面描述，接着归纳。对于此次西行猎祭，全部要有信心：『肝』即『吁』。『王曰吁来』，一呼百应。参加『猎祭』的大小人员都来了，奔腾疾行，车马如泻，还有祭祀的乐人、乐器。

『天子□来，嗣王始□，古我来□』。『古』通『故』。这里，叙述本次猎祭原委。即『天子赐来，嗣王始位，故我来祭。』咏述公元前325年，此『丙申』年，由于天子的『封赐』，嗣王秦惠文王才『称王』，故来雍城祖庙告祖、三時原祭天、陈仓祭地、祭陈宝。

这时的『天子』是周显王姬扁，是其在位的四十四年。即『天子永宁』。这时的『嗣王』是秦惠文王，是其在位的十三年。公元前312年，即秦惠文王后十三年所做的《诅楚文》三石，就称秦惠文王为『秦嗣王』。

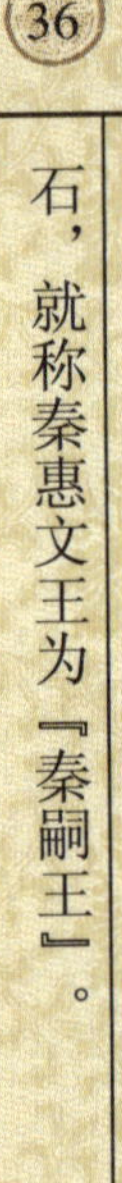

第三鼓　銮车

秦王过郿邑

『銮车』，即秦惠文王的车乘。

『𠦪（hū）軟（qí）真□』。其銮车除銮铃叮当之外，其车髹漆装饰精良，雕刻彩绘真正漂亮。

『□弓孔硕，彤矢□□』。『孔』为『很、甚』解。『硕』即硕大。那硕大之弓箭，并非常力能开，红彤彤的镝镞是周天子的赏赐。『彤弓、彤矢，天子以赐有功诸侯』。

『四马其写，六辔（pèi）鹜□』。秦王车骑的四匹骏马在六根辔绳的牵引下翱翔奔驰，如水流泻。此驾四马者非秦王莫属。因『天子驾六，诸侯与卿同驾四』。秦惠文王尽管称王，但仍属诸侯卿士级别。

「徒驭孔庶」「孔」作「很、甚」。「庶」为「多、众多」解。徒步行进的兵伍及驾驭两匹马、一匹马的仕的车骑人多势众，浩荡威风。

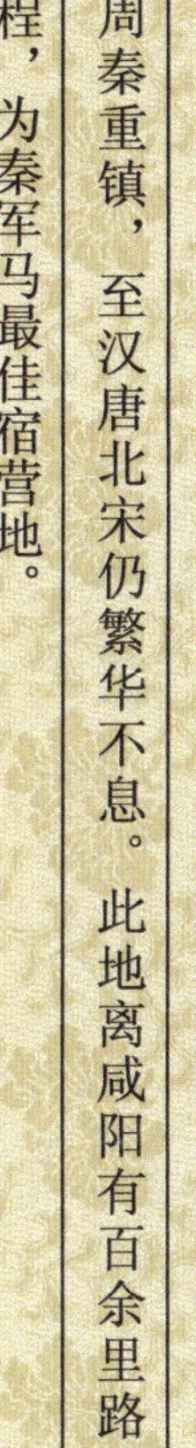

『鄜□宣搏』。秦王兵马到此鄜（郿）邑（今眉县渭河北）驻营，人马喧闹，还有搏击、打斗的习武之声。『郿邑』，为周秦重镇，至汉唐北宋仍繁华不息。此地离咸阳有百余里路程，为秦军马最佳宿营地。

『眚（shěng）车载衎（háng）』，『眚车』即『田车』，为打猎的车乘。『衎』即道路，述其狩猎的车骑拥挤鄘邑大道。

『□徒如章，原湿阴阳』。『章』为障，众多若障。秦王步行军伍拥拥挤挤，犹如屏障。要上原了，路面情况是：阴面、低凹处潮湿，稍高一点的路面或阳面就干燥。

『趍（qū）趍掕马，射之镞镞』。『趍趍』，马匹奔跑的样子。正在急速行进的队伍，忽然发现猎物，迅速勒马射出了一枚枚箭镞。这是离开郿邑后，西行途中，就开始射猎了。

『迂□如虎，兽鹿如□』。『迂』即『⿺走余（tū）』，伏地也。经过鄜邑之后，遇到之猎物，有的伏在地上形状似虎，有的野兽及鹿类动物，受到惊吓，奔跑如梭。

『□□多賢，陳禽□□，吾获允异』。秦王之师众多贤才良将，途中射猎已获佳绩，纷纷汇报各自捕获的奇异猎物。

第四鼓　乍原

为祭祀做准备

『□□□猷，乍遼乍□』。『猷』作计划解。『遼』即『原』，『乍原』即整治园囿，清理『北园』。此在渭河北岸、雍城（凤翔）以南的『三時原』内进行。此为狭义的『三時原』。亦即《诗经》『游于北园』中的『北园』。

「□□導遄，我嗣□□」。「導」通「道」。「導遄」，即「道澂」，犹言清理。「嗣」与「治」通，谓所治之事。咏述清理整治我「北园」的道路。

『□除帥皮，阪□□□』。『除』即『整治』，『帥』即『带领军队』，『皮』即『彼』，『坡者曰阪』。秦王之师清理整治『北园』，带领军队驻扎在那较高的山坡上。

『草为卅里。□□□微，彶（zhì）彶逌（yōu）罟（gǔ）』。

『北园』范围三十里，还暗暗内设极有秩序地捕捉禽兽的网罟。『逌』，轻松自得的样子。『罟』，捕获鸟兽之网。

『□□□栗，柞棫其□，□□椶（zōng）格（gāo）』。

『北园』内的树木有『栗、柞、棫、椶、格』等。

『帇帇鸣□，□□亞箬』。『帇帇』即『祈祈』，『亞箬』即『亚若』。鸟叫的告神祈福之声又多么的相像。

『其华□□，□为所游优□□□』。啊！你看那美丽的鲜花，这里便是秦王游玩的佳境。

『盩導二日树，□□□五日』。『盩（zhōu）』，『山曲曰盩』。『導』通『道』。周围崎岖的道路也整理好了，二日树起了祭坛；祭祀神灵、陪祭列祖的圣祭要进行五日。

第五鼓　吴人

『吴人憐亟，朝夕敬□』。『吴人』即『掌山泽之官。』『敬』，在此作『警惕、戒备』解。这里，便为《诗经》『游于北园』中的『北园』。『北园』的管理官员，非常爱惜自己的工作，从早到晚保持高度警惕，戒备森严。

『[illegible]（zǎi）西[illegible]北』。『[illegible]』即『载』。『载西载北』，『载』，尽心管理。既要管好西边，又要管好北边。此月为五月，东南为『禁忌』。西边管好祭祀天神，北边管好陪祭的列祖。先天神，后列祖。因『三畤原』或称『北园』，在雍城之南渭水北岸上，祖庙在园北面的雍城内，此祭祀就在园内。

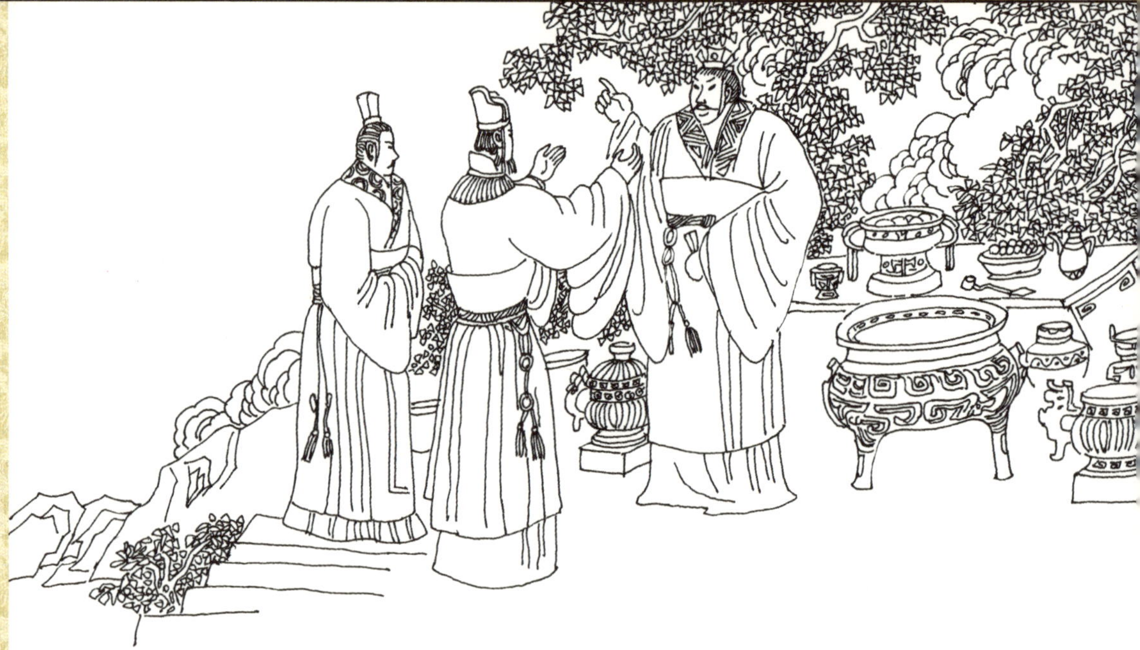

『勿，竈（zào）勿代』。『勿』，郭沫若云：『勿』即『忽』字。『竈』即『灶』，『代』指其他神灵。忽而祭祀灶神，忽而祭祀其他神灵。《礼记·月令》载：『仲夏（五月）之月』。『其祀灶，祭先肺』。故在此月必须特别祭祀灶神，祭品以肺为上。

『□而出□，□獻（xiàn）用□』。『而出』，秦王及其随行文武官员都出来，到了祭祀之地，跟随秦王祭祀了，给神灵献上祭品，供天神先祖享用。天神上帝的祭品为三牲『骝驹黄牛羝羊』。其他祭品依礼而行，如祭灶神，以肺为最好。

『□□大祝，□曾受其章』。『章』即『享』。在祭祀中，大祝在神前口述质誓；上天神灵、秦历代先祖本应受到这样的祭祀享用。此即在举行祭祀的中心环节。

『□□埶寓逢，中囿孔□』。『埶』即『艺』，作种植解。『逢』作『蓬』。『中囿』，即北园中的『苑囿』。『孔』，『嘉美之也』。在那些蓬蓬勃勃、繁密茂盛的树木中间，有围绕的栏栅网罟，里边饲养着许多可爱的禽兽。

『鹿』，『吾其』。中囿饲养的禽兽中，当然有鹿了。因此石夺字甚多，其他禽兽必然也有，只是残勒罢了。『吾其』，指秦王及从员一行参与祭祀活动，祭祀之后顺便观看了『北园』禽兽。

『⿺风申⿺风申大□』。即『申申大□』，祈求上天以无尽之国祚大大的重赐于秦。这是本次祭祀的最终目的。『求又』、『是』亦指此意。这是此诗咏最后对祭祀做出总结。

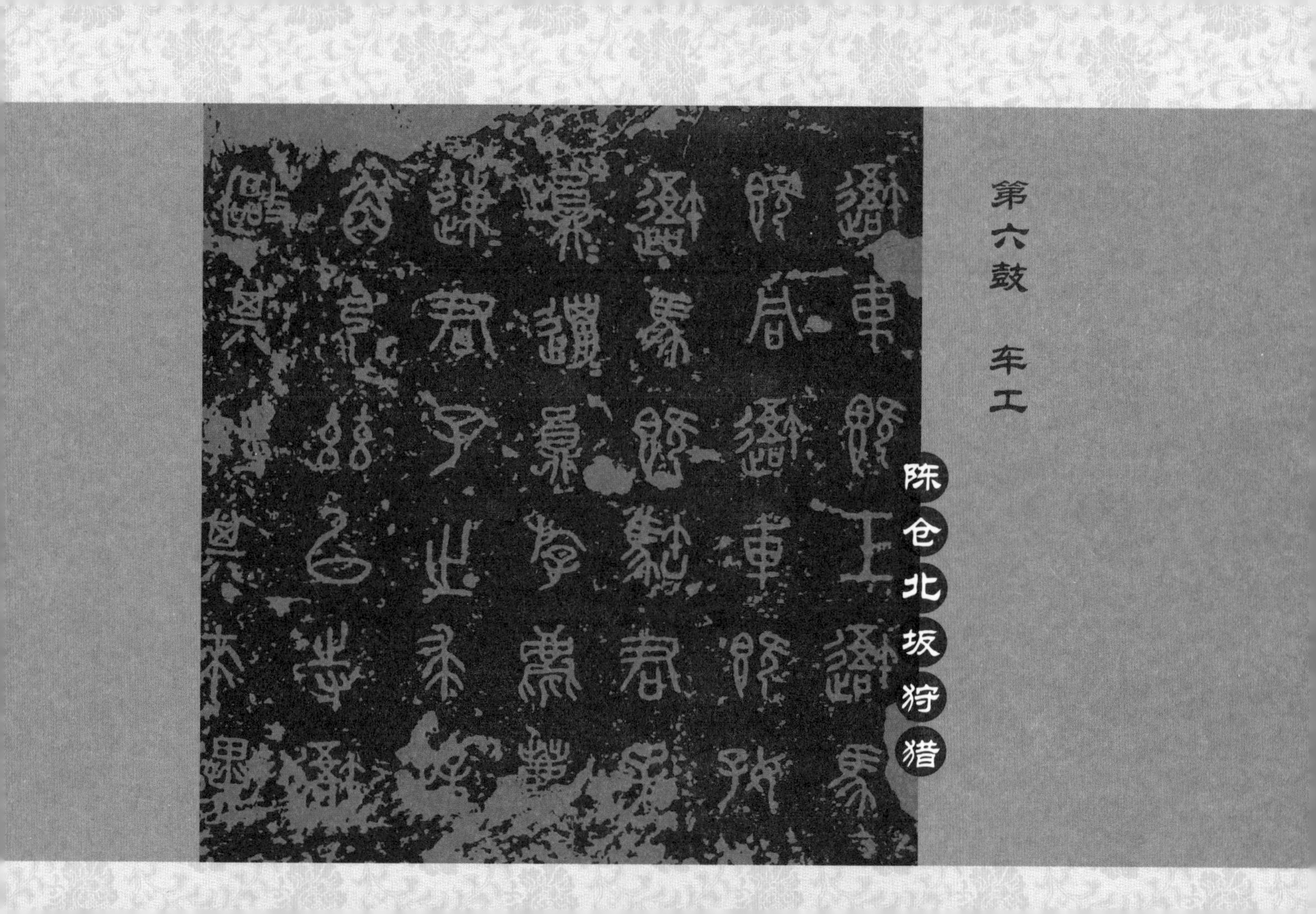

第六鼓　车工

『遊車既工，遊馬既同』。『遊』即『吾』。我们的车辆已整理坚固，我们的马匹已选择齐备。

『遀車既孜，遀馬既駘（tái）』。『遀』即『吾』，『孜』即『好』，『駘』，马肥大也。我们的车辆已配备完好，我们的马儿大又高。

『君子鼎邋，鼎邋鼎斿』。『鼎』即『员』，『员』此假为『云』，无实意。『邋』即『猎』；随秦王从猎之文武官员共同狩猎，亦在此优游。

『麀（yōu）鹿速速，君子之求』。『麀』，为『牝鹿。』即雌鹿。『鹿』为牡鹿、雄鹿。『速速』，疾驰状。牝鹿牡鹿疾驰奔跑，正是秦王及随员求之不得的射猎良机。

『骍（xīng）骍角弓，弓兹以寺』。『骍』，作朱红色解，『寺』通『持』。朱红色饰以兽角之强弓，弓弦已拉紧待发。朱弓为『天子』所赐，此持朱弓者为秦王。

『遊敺其特，其来趩趩（chì）』。『敺』即『驱』。『特』即大公牛。我们驱赶大公牛，其他鹿兽因惊吓却杂奔而来，它们奔跑十分急促，发出『趩趩』之声。

『趚趚𥬲𥬲，即敌即时』。『趚（xiàn）』，『奔跑貌』。『𥬲（tái）』即炱。『敔（yù）』古时乐曲结束时的打击乐器。兽群奔跑时灰尘飞扬，若烟炱煤灰，其奔忽止是发射之良机。

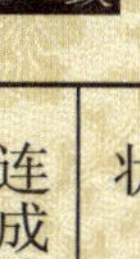

『麀鹿趚趚，其来夹次』。『趚』即『速』，此趚有恐慌状。『夹』即『狭窄』。雌鹿雄鹿疾速恐慌地奔跑，有秩序的连成狭长一排。

『遴敺其樸，其来遺遺（dú）』。『樸』即大雄鹿。我们驱赶那只有角的大雄鹿，群鹿都跟随着连续奔跑。

『射其貊蜀』。『貊』借为『肩』，『蜀』借为『独』。机会终于到来了，我们就射向那只独出的大雄鹿。『贵者先杀』，射向大雄鹿者秦王也。

第七鼓 田车

秦王射猎篇

『田車孔安，鋚（tiáo）勒馬（xuán）馬』。『田車』为狩猎用车。『馬』，马一岁也。在此作『悬』解。秦王狩猎的用车非常完好，服马、骖马精良，金饰的辔勒整齐地垂悬着。

『四介既简』。『介』，即介胄，披甲。四匹马已经卸去重甲轻装待发。驾『四介』者为秦王。此为秦王特写。

『左骖旛（fān）旛，右骖騝（qiàn）騝』。『旛』即『幡』，『谓旗帜下之华者』。『騝』即『骞』，『马腹垫也』。左侧骖马的鬣毛像长条旗帜飘扬，右侧骖马曲腹用力扬蹄奔忙。

『逝吕陵于蘧』。『陵』即『跻』，『蘧』即『原』。我们的秦王已经登上高出渭河滩的高台原。

『逝戎止陕』。『陕（wǔ）』，即『陚』，『陚丘名』。秦王之师射猎到了山丘停了下来。刚才上原，如今入谷。此便为秦岭北麓渭水南岸的地貌特写。

「宫車其写」。「写」通「卸」。秦王卸下安稳宫车，解马改用轻骑行狩。前面卸马此又卸车，均为射猎之需。

『秀弓寺射』。『秀』，指美丽、秀丽。『寺』通『持』。秦王那美丽的彤弓拉得满满的发射。赞美秦王射猎英姿。

『麋豖孔庶，麀鹿雉兔』。麋、豖很多，还有雌鹿、雄鹿、野鸡和野兔。真是猎物成群，是秦王射猎的好时机。

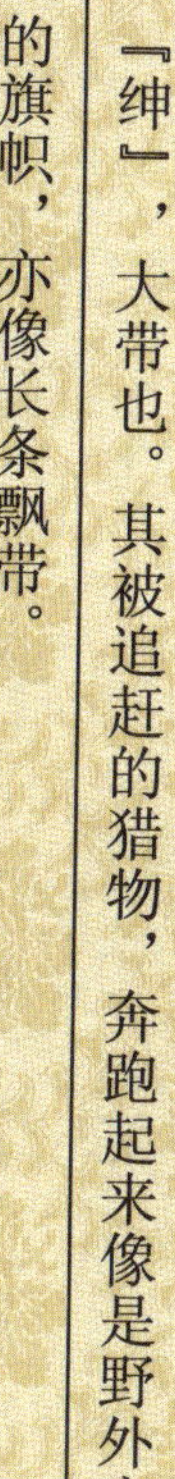

『其[走虜]又旃』。『[走虜]』即『庐』。『旃』即『绅』。『绅』，大带也。其被追赶的猎物，奔跑起来像是野外庐棚下的旗帜，亦像长条飘带。

『其□⿱走⿰走走夜，四出各亚』。『⿱走⿰走走』即『赴』。『各』即『格』，『亚』即『椏』，皆指树枝。疾速的射猎一直延续到了夜里，宿营地的四面用树枝围成了栅栏。

『□□臭褊，鞫（jū）而勿射』。『臭（gāo）』，大白泽也。『褊』，『狭也』。秦王之师宿营在狭长的沼泽旁边，他们把肥美的猎物双手捧起，没有射杀。此等狭长沼泽在陈仓北阪渭水之滨。

『多庶𨘋(lì)𨘋，君子逌樂』。『多庶』，秦王之师人员众多。『𨘋』，动也。『逌』，神态轻松自得的样子。满载着猎物多么令人快乐，秦王及从员沉浸在轻松愉快的音乐之中。

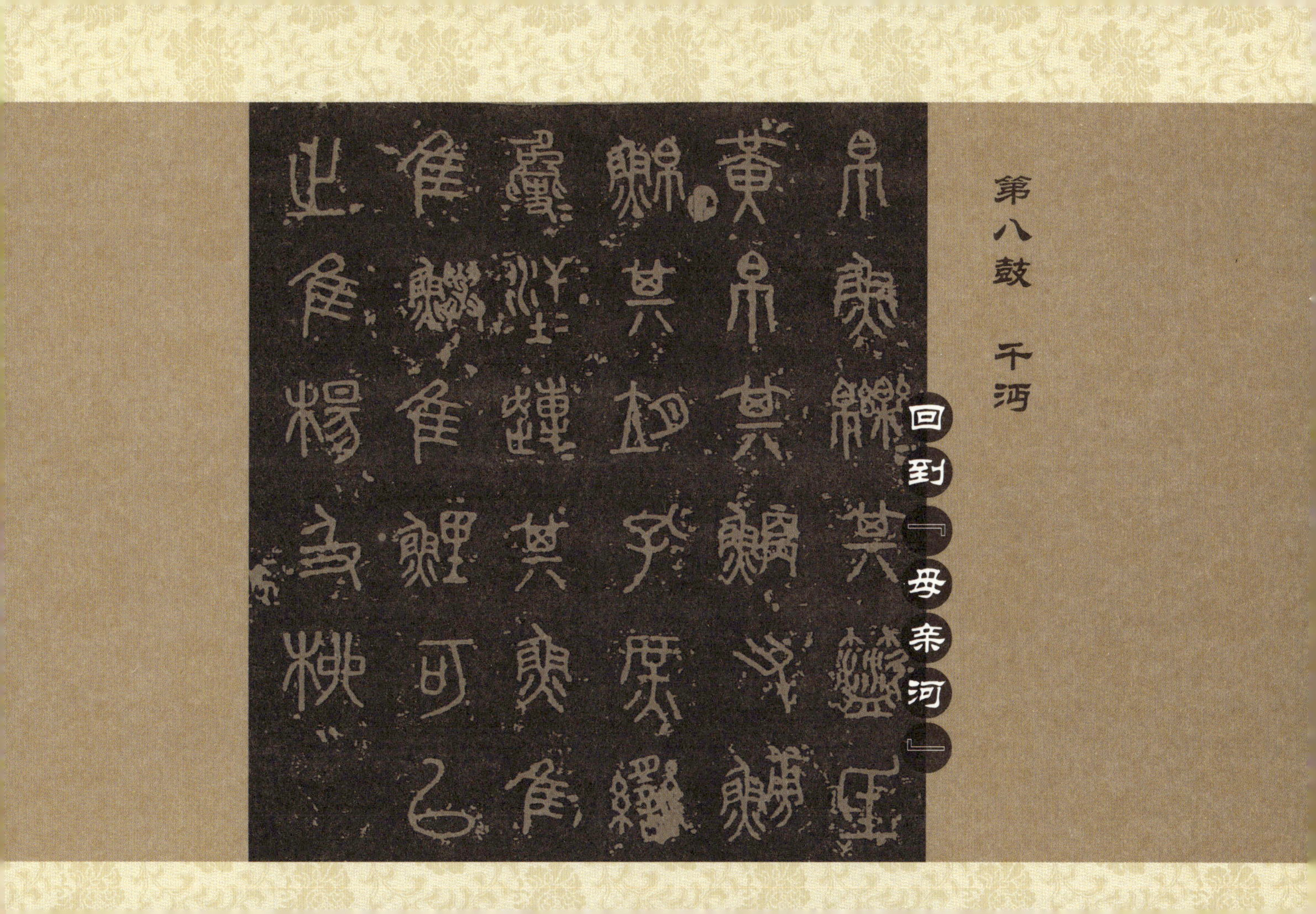

第八鼓　千沔

『汧河』即千河，是秦人的『母亲河』，秦人由陇（甘肃）进川（八百里秦川）。秦襄公二年即前776年徙都千，至秦献公二年即前383年城栎阳止，历经393年，都未离开千河。

『汧殹沔沔，丞丞皮淖（nào）渊』。『汧』即『千』。『殹』即『也』。『沔』，水流满溢的样子。『丞』，连接之意。『皮』即『彼』。『淖』，泥沼。『渊』，深潭、深池。千河的水啊弥弥漫漫，从上游流淌而来，在此形成沼泽、深潭。今日千河入渭处，仍是此等状况。

『鰋鲤處之，君子渔之』。『鰋鱼』即『鲶鱼』。水潭中的鲶鱼、鲤鱼游聚在一处，是秦王及从员捕捞的好时机。

『澫又小鱼，其游趱趱』。『澫』通『漫』。漫漫的浅水处有小鱼，它们却悠然自在的四散游去。

『帛鱼鱳（lì）鱳，其篮氏鲜』。『帛鱼』，即白色的鱼。『鱳』即『皪』，『篮』即『盗』。『氏』通『柢』，即根柢。白色的鱼儿在水中游动，的皪水面，盗食的小鱼却游入水底，不被发现。

『黄帛其鳊，又鱄又鲌，其朋孔庶』。『黄帛』，黄颜色的丝织品袋子。『鳊』通『鲠』即鲂鱼，『鱄』即鲋鱼，『鲌』即鲌鱼，『朋』即『影』。黄颜色的丝织品袋子里盛有赤尾的鲂鱼，又有小一些的鲋鱼和大一些的鲌鱼，此般模样的鱼儿往来穿梭，鱼影真多。

『臠（luàn）之鮊（bó）鮊，汪汪趟（chuàn）趟』。『鮊鮊』即『勃勃』。『汪』即『汗』，『趟』，『遄也』。用切剁的小肉块作鱼饵，撒入水中，鱼儿勃勃欣兴涌来。来回奔忙的捕鱼者汗流浃背。

『其鱼隹可，隹鱮隹鲤』。『隹』通『惟』，『可』通『何』。『鱮』即鲢鱼，『鲤』即鲤鱼。这些鱼都是什么？都是鲢鱼和鲤鱼。今日的千河亦是此等鱼类。

『可以橐（bǎo）之，隹杨及柳』。『可』通『何』。用什么去装盛呢？只有杨柳树枝编织的筐。此为野外渔猎的办法。

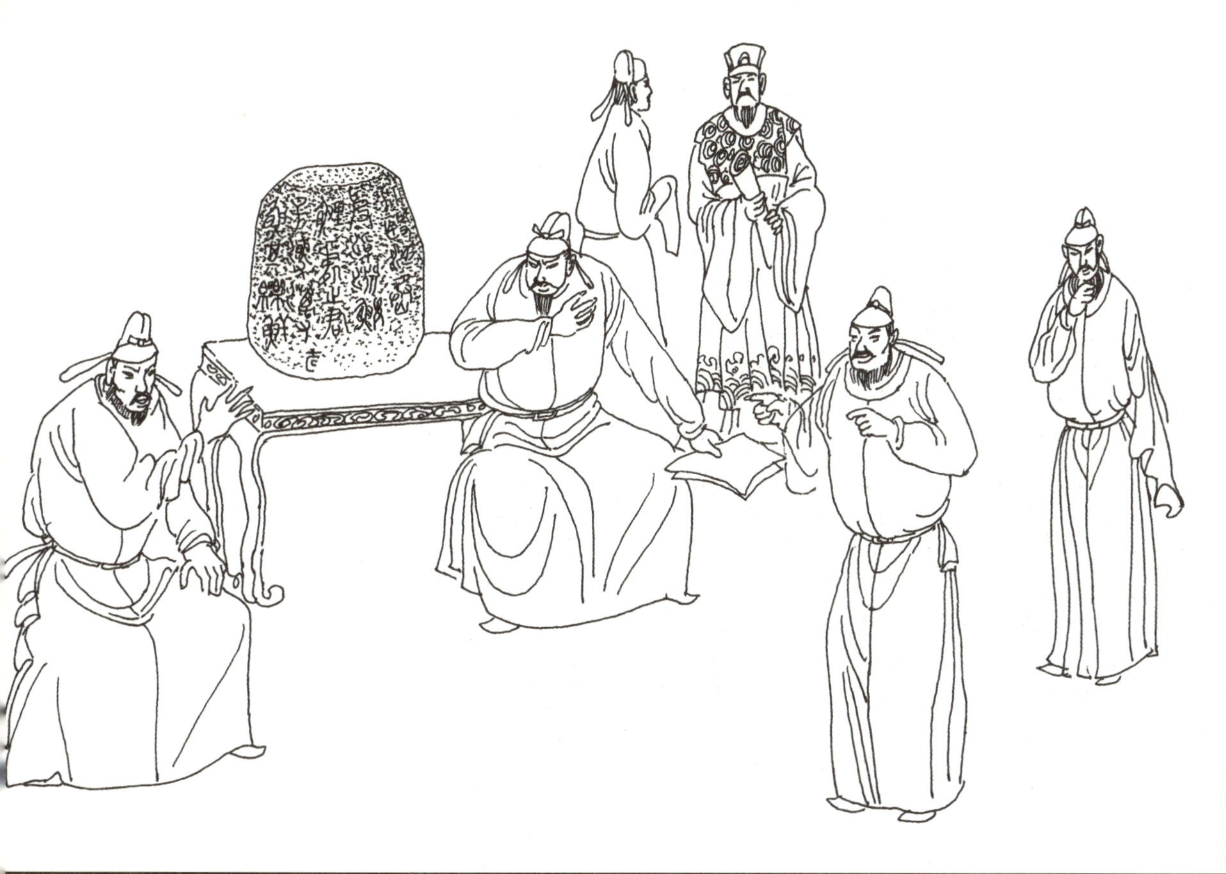

赘文『[illegible]』不可识。有曰『首』，有云『卣』，有说『奠』，不一而论。看来是刻工的印记。

第九鼓　零雨

『千渭之会』遇『零雨』

『□□□美，霝雨□□』。『美』咏述环境、山、水、河、鱼之美。『霝雨』即『零雨』，蒙蒙细雨。言秦王之师迎上天降的蒙蒙细雨。

『流迄湧湧，盈湈濟濟』。『迄』作『迄』，『湧』作『涌』，波涛翻滚的样子。『盈』，充满。『湈』作『渫』，泄漏。充满千河的流水波涛翻滚，满溢泛出河堤。『零雨』汇流到河里可就大了。

『君子既涉，涉马□流』。『君子』指秦王之师。秦王之师蹚水过河，人马不顾水流湍急。

『汧殹泊（jì）泊，漊漊□□』。『殹』即『也』。『泊（jì）泊』水声。千河的水啊浪卷急流，发出泊泊的响声，秦王之师涉水过河，经历了凄风苦雨。

『舫舟西逮，□□自廓（鄜）』。方大美丽的船只在渭水中逆行，由东往西而来。船只来自鄜邑营地。这样既渡千河又看渭河的地点，只能在『千渭之会』。『千渭之会』在千河入渭河的西北夹角。东邻千河、南连渭水。

『徒驭湯湯，隹舟以衍（háng）』。『驭』即『驭』。『湯』通『荡』。徒步行进的兵伍及驾驭的车骑浩浩荡荡，只有那美丽的船只在渭水中逆航。这是秦王换乘之舫舟，众望顾盼。

『或阴或阳，极深以丈』。渭河南边之阴面和渭河北边之阳面均有人马，木楫在深水中不停的逆划。

『□于水一方，勿□□止』。渭水两边的兵马隔岸相望，在水一方，行进中的兵马没有停止。

『其奔其敌，□□其事』。『敌（yù）』，古代乐典结束时的打击乐器。疾行军中的兵伍车骑『戛敔而止』，突然停了下来，这是秦王之号令。我们记下秦王此程之大事。

第十鼓　马荐
祭祀『陈宝』

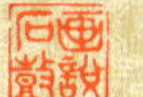

『□□□天，□虹□皮。□□□走，⿰马齐（jì）⿰马齐马荐』。『虹』即雨后彩虹。『皮』通『彼』。『⿰马齐⿰马齐』即济济，盖言草之丰盛。这是一个雨后初晴，天空挂着彩虹的时刻，秦王之师踏着带露的青草到陈宝祠（今宝鸡鸡峰山北阪）来。青草丰盛碧绿，诱惑战骑。

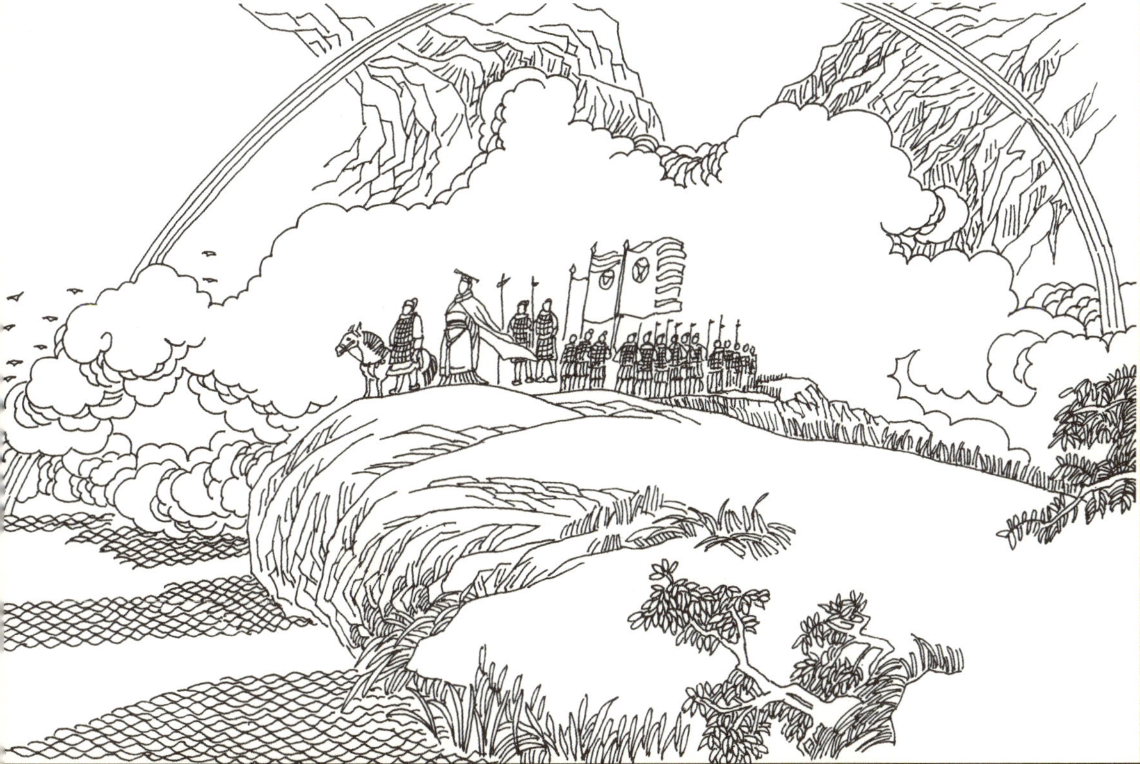

『蓻蓻卉卉』。『蓻（zhī）』，占卜预测吉凶之草。『卉（péng）』即『芃』，盛也。陈宝祠占卜的蓍草很丰盛。

『𢼸𢼸雉血』。『𢼸𢼸』即『微微』，蒙眬状。『雉血』，野鸡之血。蒙眬中看到野鸡的血色，这与雨后斜阳的照射有关，是陈宝祠前的幻觉。陈宝即是神鸡之化身。『其光景动人民，唯陈宝』。其时，秦国官民均有祭祀。

『口心其一』。即『心齐一』。由于在雍城祖庙祭祖，三時原祭天，又祭祀了『陈宝』，陈仓北阪打猎演练了秦军，这不就是本次猎祭的目的吗？人心统一。

『猎祭』基本结束，秦人史官根据秦王的要求，写成十首诗，经秦王同意，就地取材，把诗刻在十尊大石上，鼓舞国人及全军将士。人们称其为石鼓。

『祭地曰瘗薶（yì mái）』。『地贵阳，祭之必于泽中环丘云』。陈仓地处主河流渭水之滨，周围河流密布，泽潭云集，是祭地佳处。秦王在此举行『祭地』大典后，把十尊巨大的石鼓，埋在了石鼓山上。

至唐武德年间（618—626），人们在陈仓石鼓山上（今宝鸡市区）发现了石鼓。从此，石鼓出土，为世人所知，石鼓山亦广为人知。

石鼓文出土后，首先为书家所重，人们纷纷打出拓片，临摹书写。初唐大书法家虞世南、褚遂良、欧阳询『共称古妙』。

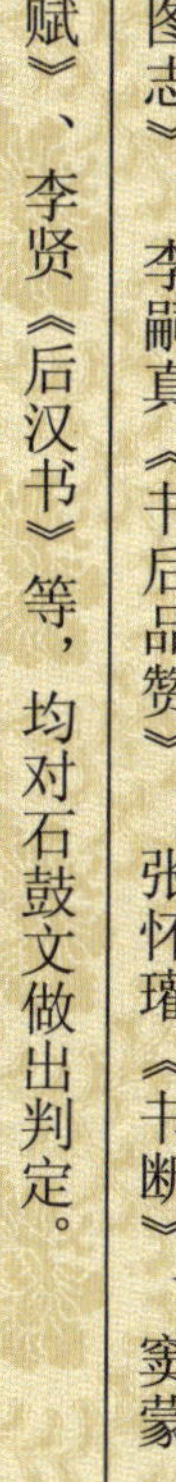

石鼓文出土后，对他的研究即开始，李吉甫《元和郡县图志》、李嗣真《书后品赞》、张怀瓘《书断》、窦蒙《述书赋》、李贤《后汉书》等，均对石鼓文做出判定。

『安史之乱』中，757年，唐肃宗驻跸凤翔，陈仓县令薛景仙为皇帝表功，将石鼓运到雍城南，当年『三時原』祭天之地。从制作地『陈仓』，又回到经历之地『雍城南』。今凤翔县的石落务。石鼓文及其拓片再次轰动朝野。

战乱中，由于人们认识到石鼓文在中华文明史上不可替代的重要地位，把石鼓又埋藏起来，进行保护。

唐宪宗元和元年（806），石鼓复被发现。嘉州刺史岑参作诗『石鼓有时鸣，秦王安在哉』。韦应物作诗惊呼『忽开满卷不可识，惊潜动蛰走纭纭』。大学者韩愈作诗一首《石鼓歌》，『张生手持石鼓文，劝我试作《石鼓歌》』，长篇叙事诗文竟达448字。

唐元和九年（814），郑余庆职凤翔府，将石鼓搬进凤翔文庙。此时十鼓缺一，缺者为『乍原』鼓。

『五代之乱』，石鼓再次失落。

到了宋代，司马光的父亲司马池职凤翔府，又找回失落的九尊石鼓。『乍原』鼓仍不见回，他做了一个复制品。至此，石鼓经历了三次埋藏三次出土的传奇。

北宋仁宗皇祐四年（1052），金石家向传师在一屠夫家中，发现了失落二百多年的『乍原』鼓。此时『乍原』鼓上端的一小半已被削去，凿成舂米的石臼。

向传师用石臼换回『乍原』鼓。换回的『乍原』鼓下端每行只留下四字。梅尧臣作诗感叹：『心喜遗篆犹在旁，以臼易臼庸何伤』。此时，文史大家欧阳修在《集古录》中对《石鼓文》进行了考释，对当时的周宣王说提出了质疑。

继王禹偁、梅尧臣、文同之后，宋仁宗嘉祐六年（1061），时任凤翔府签判的苏轼在孔夫子庙见到了石鼓，作长诗《石鼓歌》一首，『细观初以指画肚，欲读嗟如钳在口』，感叹石鼓文的诘屈和文字郁律。其弟苏辙也作了《石鼓歌》赞美石鼓文。晁补之、张耒、郑刚中、李石、吴则礼、洪适、杨万里等，不时有赞颂石鼓文的诗作问世。

宋大观二年（1108），宋徽宗下旨将石鼓从凤翔运回汴京（即河南开封），先是置于辟雍（太学），后又迁置于禁中保和殿。

宋徽宗为保护石鼓上的文字，诏令『以金填其文』，不许摹拓。并精心配制了座架、围栏加以保护。

女词人李清照及夫赵明诚酷爱金石书画典籍，找到石鼓文拓片，奉若至宝，久久临摹，把玩不息。当时之文人雅士，终因能有石鼓文拓片自命不凡。研究成果累累。薛尚功在其《历代钟鼎彝器款识法帖》中考释了石鼓文。

『靖康之耻』，金破汴京，掳掠珍宝，石鼓北运燕京（今北京），石鼓上涂金被剥落，尽弃荒野。

南宋郑樵对石鼓文研究有突出贡献，稍后的巩丰同意石鼓为秦物，王厚之对其迁徙、施宿对顺序排列均进行了考证。

元朝建立，潘迪详考石鼓文。宝鸡人王楫学识渊博，重视国学，遍寻荒野，找回石鼓，把石鼓运回北京，置于孔庙大成殿。

明代杨慎《丹铅续录》肯定郑樵『秦鼓说』。之后顾炎武《金石文字记》、李中馥《石鼓文考》、陶滋《石鼓文正误》，皆对石鼓文字的点画、训释、地望等进行了考证。

明、清两代，石鼓一直在北京，存放在国子监。康熙皇帝写《石鼓赞》：『此文此石，独焕然与日月争光。』

清乾隆五十五年，即1790年，乾隆皇帝为了更好地保护石鼓，令人仿刻了十鼓，置于辟雍（太学），现仿鼓仍存放在北京国子监。乾隆皇帝并作《石鼓诗》数首曰：『铜驼已见藏荆棘，石鼓依然镇辟雍。』

清代国学书画高手吴昌硕坚持每天临摹《石鼓文》，自称『一日有一日之境界，唯其中古茂雄秀气息未能窥其一二』。吴临《石鼓文》独创出雄强风格用于书画，开我国书画一代新风。将《石鼓文》研究推向高潮。何绍基、翁方纲、曾国藩、全祖望等大家在其前后或赋诗或著文，不时推动石鼓文的研究。

抗日战争期间，为躲避日祸，石鼓南迁，途经宝鸡，在宝鸡火车站展出三天，供家乡人参观。

石鼓在转运汉中、重庆、上海、南京途中，曾几次翻车，险象环生，惊心动魄。

解放前夕，终因石鼓太重，飞机超载，未被运往台湾，承有关爱国人士从中多方斡旋，最终留在南京。

1950年，石鼓由南京又运回北京。1958年开箱，如今十尊石鼓被安放在北京故宫博物院，供游人观赏。

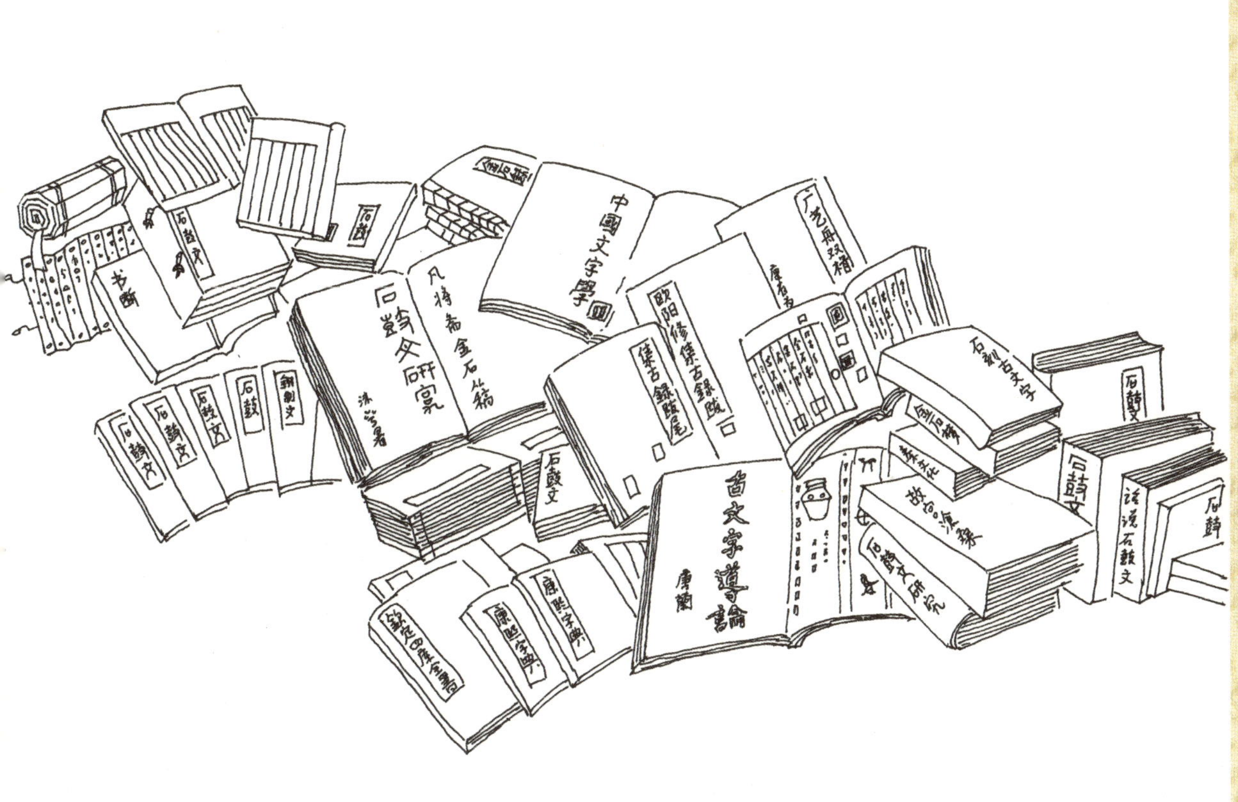

石鼓文出土1300年来，海内外专家学者对其研究热潮迭起、长盛不衰，形成石鼓学。咏颂石鼓文的诗篇无法统计。没有任何一件文物有如此效应。

今人研究石鼓文，依据1936年郭沫若在日本，用甲骨文拓片，从日本古董商河井仙郎处换购的北宋拓片的照片。此拓片是明锡山安国先生珍藏的北宋先锋本、中权本、后劲本。存字相互参照可达500字。

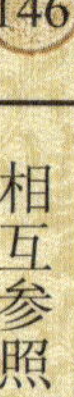

石鼓文出土地宝鸡市石鼓山上新建起了高大雄伟的石鼓阁，吸引众多石鼓文崇拜者。石鼓文研究将再次掀起高潮。

后记

宝鸡是周秦文化发祥地，石鼓文化是不可或缺的文化亮点。石鼓印社的办社宗旨是『弘扬国学、探索石鼓、精研印学、潜心书画』。印社创办初期，即着力开展石鼓文化的研究探索。《画说石鼓》由吉朝声主编、官波舟撰文、李录成绘画历经三年艰苦研究创作，终将付梓印刷，它不仅凝结作者的创作心血，也为弘扬石鼓文化、建设和谐社会奉献了绵薄之力。

《画说石鼓》的创作过程，始终得到宝鸡市政府主管文化的领导和部门的关心与支持。北京大学教授（博士生导师）、北京大学中国考古学研究中心主任、北京大学公众考古与艺术中心主任徐天进先生在肯定印社的创作思路后，欣然为本书确定书名并题词。西泠印社副社长、中国书法家协会篆刻委员会副主任、著名书法篆刻家李刚田先生特意题诗一首赞誉《画说石鼓》。陕西人民美术出版社在出版发行方面给予大力支持。在此，我们深表感谢。

我们深知，石鼓文研究探索历经千年，《画说石鼓》虽经努力创作，仍有不尽如人意之处，如语言的通俗、绘画的精准仍需提高。我们殷切希望各位专家学者和有志于石鼓文研究的同仁给予关注，以便再版时改进。